Claude
DEBUSSY

L'ENFANT PRODIGUE

Scène Lyrique

CD 61

(1884, rev. 1907)

Vocal Score

Klavierauszug

PETRUCCI LIBRARY PRESS

This score is an unabridged, digitally-enhanced reprint of the vocal score originally
issued in late 1907 by Durand et Fils, Paris (plate D. & F. 3387).

ISBN: 1-978-60874-010-9
First Printing: December 2010

à Ernest Guiraud

L'ENFANT PRODIGUE

Scène Lyrique

(1884 – Revised 1906-1908)

PRÉLUDE

Le soleil se lève. — Le calme règne sur la campagne.
The sun rises. — All is calm.

Text: Édouard Guinand
English Text: Nita Cox

Claude Debussy, CD 61

Lia écoute les chants joyeux dans le lointain.
Lia listening to happy songs in the distance.

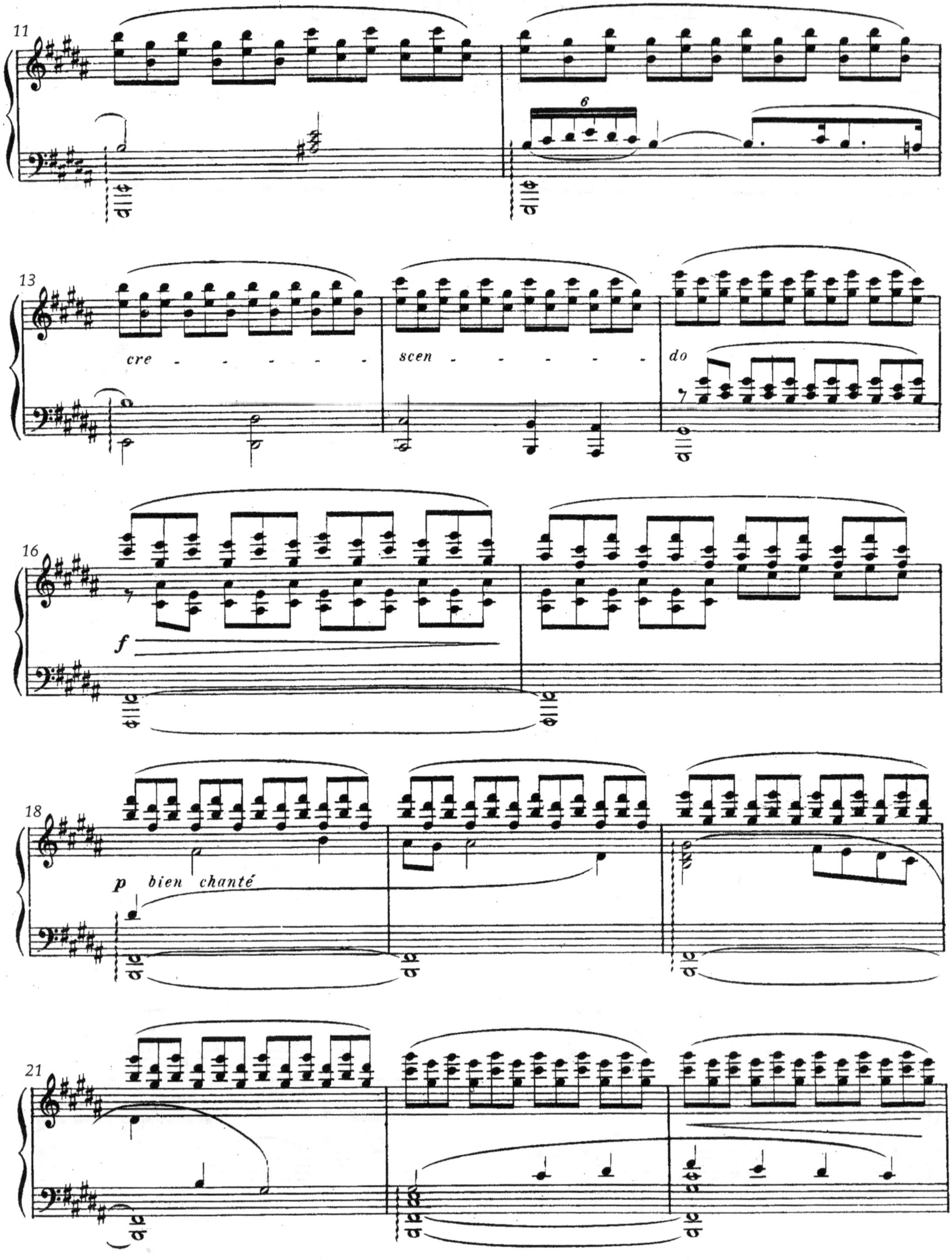
11
6
13
cre - - - - - - - scen - - - - - - - do
16
f
18
p bien chanté
21

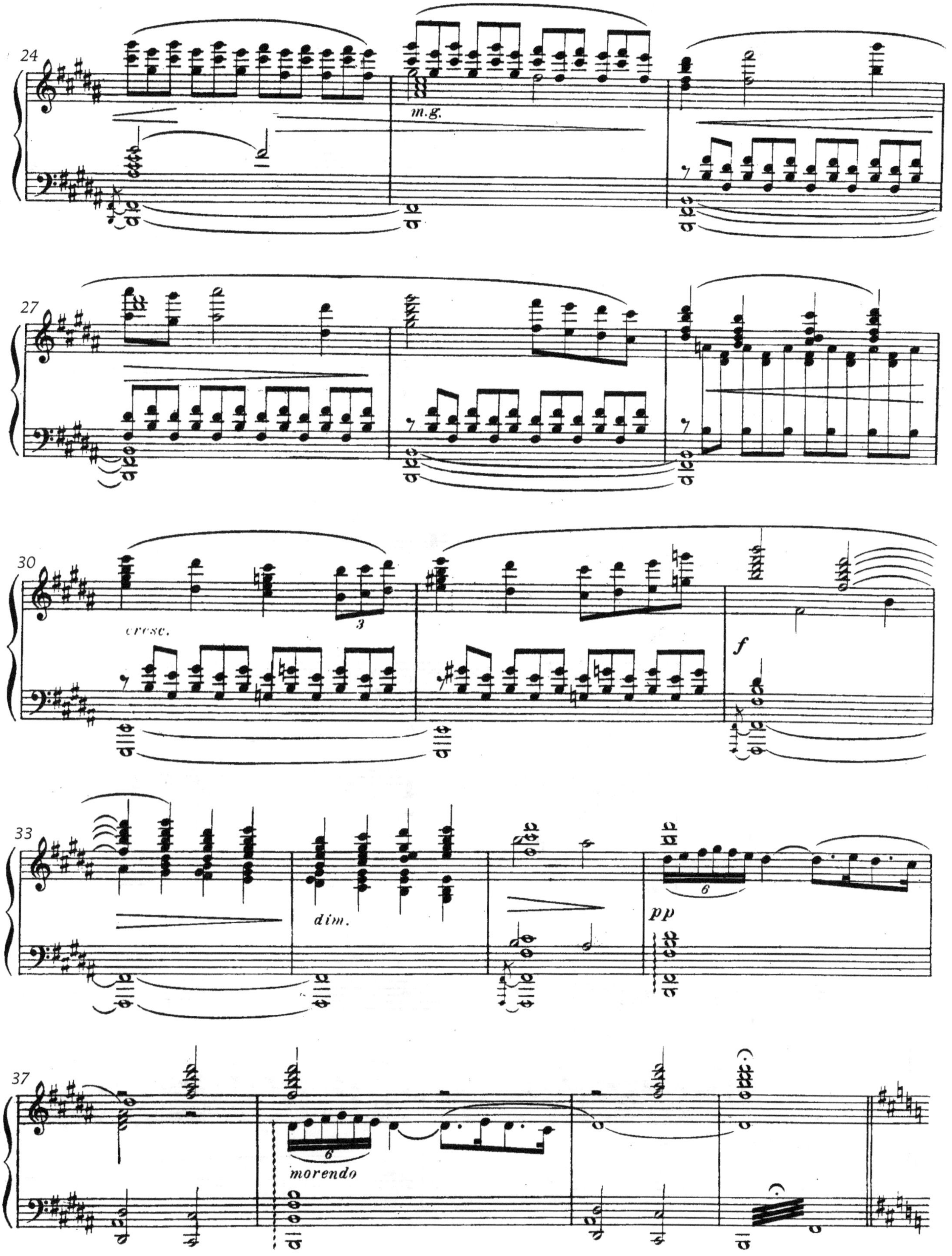

m.g.
cresc.
f
dim.
pp
morendo

Récit
LIA
tristement
sadly
L'an - né - e en vain chasse l'an - né - e!
The sad years roll by no com-fort bring - ing!
Andante
Mesuré Modto
A cha-que sai-son ra-me - né - e, Leurs jeux et leurs é - bats m'at-tris - tent mal-gré
Spring comes smiling, gay flow-ers fling ing The birds sweet song but makes my heart the sad-der
moi: Ils rou-vrent ma bles - su - re et mon cha-grin s'ac-croît...
pine: My wounds bleed fresh, my heart cries for joys that once were mine.
Un peu plus lent
d'une voix rêveuse
in a dreamy voice
Je
I

55
L. viens cher - cher la grè - - - ve so - li -
long this si - lent shore _____ I wan - der

57
L. - tai - - - re... Douleur in - vo - lon -
lone - - ly, My grief God kno - weth

Récit

59
Stringendo
avec douleur
with sadness
L. - tai - re! Ef - forts su - per - flus! Li - a pleu - re tou -
on - ly Ever, e - ver - more Li - a mourns for her

f

62
très retenu, avec beaucoup d'expression.
elle cache sa tête entre ses mains
she hides her face in her hands
L. - jours l'en - fant qu'el - le n'a plus!...
child, the child that once she bore!

p

AIR

Andante non troppo

65

A _ za _ ël! A _ za _ ël! Pourquoi m'as-tu quit _ té _ e?...
A _ za _ ël! *A _ za _ ël!* *Ah! wherefore did'st thou leave me?*

69

En mon cœur ma _ ter _ nel Ton i _ mage est res _ tée.
On my heart thou art gra _ ven: I sor _ row for thee.

73

A _ za _ ël! A _ za _ ël! Pourquoi m'as-tu quit _ té _ _
A _ za _ ël! *A _ za _ ël!* *Ah! wherefore did'st thou leave*

Très calme, mais sans lenteur

77

_ e?... Ce _ pen _ dant les soirs é _ taient doux, dans la
me? *Hap _ py days to me _ mo _ ry start When, the*

pp con sordina

80

L. plai _ ne d'or _ mes planté _ e, Quand, sous la charge ré _ col _ té _ e, On ra _ me _
elm _ trees wav _ ing a _ bove us, *Home _ ward the rud _ dy ox _ en bore us Wea _ ry with*

82

Un peu plus fort et plus animé

L. _ nait les grands bœufs roux. Lors _ que la tâche é _ tait fi _ nie, Enfants, vieil _
toil, but light of heart. *Then as the sha dows soft _ ly fell We all the*

84

cre _ _ scen _ _ do *f*

L. _ lards et ser _ vi _ teurs, Ou _ vri _ ers des champs ou pasteurs, Lou _ aient de
evening hymn did sing *Thank _ ful _ ly to God our great king, To God, the*

cre _ _ scen _ _ do

86

L. Dieu la main bé _ ni _ _ _ e.
Lord who giv _ eth all things.

p *più p*

88

L.

Ain _ si les jours suivaient les jours Et dans la pi _ eu _ se fa _ mil _ le,
Sweet _ ly we slept, and glad up _ rose. Youths and mai _ dens wan _ der _ ed free _ ly,

m. g.

pp

90

L.

Le jeune hom _ me et la jeu _ ne fille E _ chan _ geaient leurs chas _ tes a _
Vows they plight _ ed in sin _ ce _ ri _ ty, Eve ning shades brought calm and re _

mf *p* *p*

92

Un peu moins vite

L.

_ mours. D'au _ tres ne sen _ tent
_ *pose.* *Hap _ py ye pa _ rents!*

p *pp*

94

L.

pas le poids de la vieil _ les _ se; Heu _ reux dans leurs en _
when to earth your chil _ dren bind ye: How glad your lot ap _

p

Un poco rit.
-fants, Ils voient cou-ler les ans Sans re-gret com-me sans tris-tes- - -
pears! Its joys, its ten-der fears, With their lives hath their love en-twined
suivez
Poco a poco animato
-se...
ye.
Aux cœurs in-con-so-lés que
Sad-ly must I a-lone drag
1° Tempo stringendo
les temps sont pe-sants!..
out the lead-en years!
A-za-ël! A-za-ël!
A-za-ël! A-za-ël!
A-za-ël! A-za-ël!
A-za-ël! A-za-ël!
Pour-quoi m'as-tu quit-
Ah! where-fore did'st thou

avec des larmes dans la voix
with tears in the voice

108

L. _té _ e?... Pour _ quoi m'as - tu quit _ té _ e?...
leave me? Ah! where _ _ fore did'st thou leave me?

111

SIMÉON survient et lui frappe doucement sur l'épaule
Simeon follows her and taps her gently on the shoulder

sévère **Récit**
severely

Allegro

Eh bien! en _ cor des
What now! still shedding

114 **a Tempo** **Récit**

S. pleurs?... En _ cor seu _ le res _ tée En ces
tears? Yet a _ gain with thy grief dost thou

117 **Allegro moderato**

montrant les groupes
pointing to the merry-makers

S. lieux?... Ils ac
hide? They are

de très loin _ *from afar*

119

S.

cou _ _ _rent l'i _ vresse et l'a _ mour dans les
com _ _ _ _ing with wine and with love all a _

121

S.

yeux...
flume.

Leurs cœurs sont
Their hearts beat

_mf_

123

S.

pleins de joi _ _ e... Fem _ _ me, plus de san _ glots!... Il
_high with rap _ _ ture. Wo _ man, weep thou no more!_ A _

_f_

_p_

126

Un peu retenu

S.

ne faut pas qu'on voi _ e Un seul vi _ sa_ge tris _ te, un seul front souci _
_way with grief and sad_ness! Naught must there be but glad _ ness, On this glad hap_py_

suivez

Les jeunes garçons et les jeunes filles traversent la scène suivis des serviteurs qui leur présentent des fleurs, des fruits et des coupes pleines. Ils forment un gai cortège précédé de Siméon et de Lia.

Young men and maidens pass across the scene followed by attendants who present flowers, fruits, and brimming cups to them. They form a gay procession headed by Simeon and Lia.

Retenu
mf
p
pp
AIR DE DANSE
Andante _ dans un rythme un peu abandonné
pp
Ped. con sordina
p
Très rythmé
p leggiero tre corde

160
p
162
ff ben marcato
pp subito
164
ff ben marcato
8
pp
Un peu retenu
166
dans une demi sonorité
pp
a Tempo
169
p
pp
Ped. con sordinu

Un peu plus mouvementé

189
8
3
3
f
8
192
a Tempo 1º
p
court
ff
(195)
p
ff
p
198
Retenu
dim.
p
m.g.
(199)
a Tempo 1º
m.g.
m.g.
pp
Ped. con sordina

Azaël s'avance et les regarde s'éloigner.
Azaël comes forward and watches them pass onward.

217 AZAËL seul *alone* — **Récit**

p

Ces airs joy_eux, ces chants de fè _ te,
What joy _ ous airs, what hap_py sing_ing
Que le vent du ma_
Come, borne on fragrant

Andante

p

221

A.

_tin m'appor _ te par ins_tants,
morn_ing winds, to my dull ears.
Serrent mon cœur,
My tor_tured heart

ppp

sf

224

Un peu retenu

A.

p

trou_blent ma tê _ te...
with an_guish wring _ ing...
Ils sont heu _ reux!...
How hap_py they!

p

pp

227 **Un peu plus animé**

A.

I _ ci, sous les ra_meaux flot _ tants,
Un _ seen, a _ mid the wav_ing palms,
Je
I

p doux et expressif

229
A. les sui_vais dans leur gaie_té si ten _ _ _dre:
watched and list_ened ling'_ring sad_ly near them:

231
A. Ils é_chan_geaient des mots pleins de dou_ceur...
Each word re_vealed a heart so frank and free...

233
Un peu retenu
A. C'é_tait mon frè_re!... Et puis ma sœur!.. Je
And t'was my bro_ther! My sis_ter she! I

236
Pressez
A. re_te_nais mon souf_fle, a_fin de les en_ten_ _dre...
held my la_boured breath_ing that bet_ter I might hear them...

238 avec amertume / *with bitterness*   Retenu

Ils sont heu _ reux!..
How hap_py   they!

AIR   très simplement

242 Andantino   *very simply*

O temps à ja_mais ef_fa_cé,   Où comme eux j'a_vais l'â _ me
Oh! days that ne'er may come a _ gain,   When, as they, I lived pure and

245

pu _ re;   Où cet_te se rei_ne na _ tu _ re For _ ti _ fi _ ait mon corps las_
hap _ py;   Nature nurs'd me, held me se_cure_ly, Made strong my limbs and clear my

En animant peu à peu

249

_sé;   Où près d'u _ ne mè_re, ravi _ _ e
brain.   Loved by gen _ tle mo_ther so ten _ _ der;

252

A.

De presser, mon front sur son cœur, Je ne connais_sais de la
Still in dreams I feel her car_ess; May good an_gels e _ver de _

cre _ _ scen _ _ do

255

A.

vi _ _ e Que l'in_no_cen_ce et le bon_heur!
fend her! Pure in those days was my hap_pi_ness!

dim. p pp

258 Un peu animé

A.

Ah! par quelle a_mè_re fo_li_e Mon â_me sur_pri_se, assail_
Ah! by what mi_ser_a_ble mad_ness Flung I a_way, then, joy and

p sf

261

A.

_li_e, M'a_t'el_le donc con_traint à fuir ces
glad_ness? Why did I e_ver leave that sweet spot called

f

264

A. lieu? ....
home?

Du_rant la nuit en _ tiè _ re, Sur le roc ou dans la poussiè_re,
How oft, o'er crag and   mountain   By still lake or flow _ ing foun_tain

267

A. J'ai fran _ chi len _ te _ ment   les   sen_tiers pé_ril_
Hap _ py _ and free from care,   through   the still night I'd

269   1º Tempo

A. _ leux...   O   temps à ja_mais ef_fa
roam.   Rit.   Oh!   days that ne'er may come a_

272

A. _cé   Où comme eux j'a_vais   l'à _ me pu _ re;
_gain   When, as they, I lived pure and hap _ py,

275 En animant — *cre - - scen - - do*

Où près d'une mère, ra_vi___e De presser mon
Loved, adored by a mo_ther so ten___der; Still in dreams I

278 Iº Tempo

front sur son cœur, Je ne con_naissais de la vi___e Que l'in_no_
feel her car_ess May good an_gels e_ver de_fend her Pure in those

281

_cen_ce et le bon_heur!
days was my hap_pi_ness!

284 Cédez — Mouvt du Prélude

Je te re_vois,
And thus a_gain,

287

A. char_mant a _ si _ le,
as in my dream ing,
Où pour moi tout est sou_ve_nir:
I see this spot through blinding tears.

290

A. Voi_ci le banc de pier _ re et la ri_ve tran_
Be_hold! the rus_tic seat by the riv_er soft _ly

pp

293

A. _quil _ _ le Où ma mère a_vec moi, jadis, aimait ve_
gleam _ _ ing, Mo ther dear, where I sat with thee in by_gone

296

Il s'assied chancelant
He staggers, and sinks down

A. _nir. Mais je m'as_sieds sans force et sans cou_
years. I sink to earth, no strength have I nor

pp

p *sf*

299

_ra _ ge, Les pieds san _ glants; des pleurs i _ nondent mon vi _
cour _ age, My feet are torn; my tears gush forth in bit _ ter

302

_sa _ ge. I _ ci je vais mou _ rir en re_voy_ant le
an _ guish. I die in sight of home, re _ pen_tant all too

305

String.

port, Et je n'en_tre_rai pas dans cet hum _ ble vil _ la _ ge...
late, And en_ter nev_er more that dear home of my child_hood.

308

d'une voix mourante
in a dying voice

Sei _ gneur! Sei _ gneur! j'ai mé _ ri _ té mon
My God! My God! I have de_served this

Il perd connaissance. On entend au loin les chants et les danses. Lia revient furtivement.
Elle écoute.

He loses consciousness. In the distance is heard the sound of songs and dancing. Lia returns furtively.
She listens.

311

A.

sort.
fate.

Allegro mod^(to)

ppp

pp

314

317

avec désespoir et sans voir Azaël.
with despair, not noticing Azaël.

LIA

Allegro con fuoco

Je m'en _ fuis...   de mes
Yet a _ gain   do I

320

L.

f

pleurs   je ne suis plus maî _ tres _ se...   Ah!   que la joie est triste aux cœurs malheu-
seek   this qui_et spot to   weep   in...   Ah!   joy is cruel to those whose heart break with

sf   *p*

324

reux! / grief!

Plus vif est leur plai_sir, plus grande est ma dé_tres_se!
The loud_er grows their mirth, the strong_er grows my an_guish!

327 Rit. Andante non troppo

O sou_ve_nir trop dou_lou___reux!..
Oh mem'ries cruel that tear my heart.

A_za_ël! A_za_
*A_za_ël! A_za_*

330 Animez un peu

_ël! / _ëll

Pour_quoi m'as-tu quit_té_e?..
Ah! where_fore did'st thou leave me?

Sur quel_le ri_ve
Who knows but in some

334

dé_ser_té_e, Peut_ê___tre loin de nous, Ce fils que j'ai_mais
lone_ly de_sert, Far, far a_way from all, The son I loved and

337 Un peu retenu

L. en _ tre tous, Souf_fre _ t'il seul et fai _ ble, en im_plorant sa mè _ re...
held so dear. May lie helpless and dy _ ing, and dy ing name his mo _ ther...

Elle aperçoit son fils qu'elle ne reconnaît pas encore.
She sees her son, but does not recognize him.

341

L. Que vois - je?.. Un pauvre voy_a_geur Par la fa_ti_gue ou la mi_
What see I? A trav'ler poor and spent, Worn by his jour_ney, or by his

345 Serrez

L. _ sè _ re, Au dé_tour de la route é_ten_du sur la ter_re... Se_cou_rons-
mis'_ry Ly_ing help_less and life_less a_lone on the high_way. Quick, to his

347 1º Tempo

L. -le!.. Dans son mal_heur, loin du foy_er de son
aid! God on_ly knows, he too may be some poor

elle reconnait Azaël
she recognizes Azaël

351

pè _ re,   Peut - être il se dé_ses_ pè _ re...   Mon fils?..
wand' _ rer   Des _ pair _ ing, far from his   coun _ try.   *My son!*

355   **String.**   **Allegro fuocoso**

I _ na _ ni_mé?..   cet_te pâleur de mort?..   Non! non! c'est impos_si_ble! Sei_
and strangely still!   *This ghastly hue of death!*   *No!   no!   I'll not be_lieve it.   Oh*

358   **Pressez**   **Très retenu**

_gneur,   ton bras ter _ ri _ ble Ne me   l'a pas ren _ du pour le reprendre en_
God,   *oh God Al _ might _ y! Thou would'st not give him   back on _ ly to take a _*

DUO
361 Andantino   soulevant sa tête.   avec beaucoup de tendresse
                     lifting his head.   *with great tenderness*

_ cor?..   Rou_vre les yeux à la lu_miè _ re,   O   mon fils a_do_
way!   *Lift up thine eyes and see thy mo _ ther.*   *Oh,   my well beloved*

Serrez - - - - - - - a Tempo
365
L.
pp
_ré!.. Re _ connais ma voix, en _ tends ma pri _ è _ re... A _ za_ël!
son! Dost hear my fond voice? thy mo_ther is call _ ing A _ za_ël!
pp
AZAËL (à part) presque sans voix
(aside) scarcely audible
369
Dans mon sein un ray_on est en _ tré: Un voi_le moins é _
To my heart a ray of hope has come: Dark _ ness and shades of
p
pp 3
373
LIA
C'est moi! ta mè _ re!
It was thy mo _ ther!
A.
_pais obs_cur_cit ma pau _ piè _ re. Qui m'ap _ pel _ le?..
death pass from my heav _ y eye _ lids. Some_one called me!
Ma mè _ re!
My mo_ther!
pp
377
L.
pp
Ah! lè _ ve ton front pâ _ li. Qu'à ja _ mais le pas_sé
Ah! now raise that languid head. Of the past think no more.
A.
p
tu me par _ don_nes?..
and I am pardoned?
p
p

381 Ritenuto   Andantino con moto

L.

demeure en_se_ve _ li.
for it is dead and gone.

A.

Heu_res for_tu _ né_ es! A _
Day of joy and glad_ness! A _

386

A.

_près des an né _ es, Trem_blant et con _ fus, je songe au re_
way, years of sad _ ness! Glad, yet still a _ fraid, I dream of my

391 LIA

Heu _ res for_tu _ né _ es! A _ près des an né _ es,
Day of joy and glad _ ness! Gone, the years of sad _ ness!

A.

_tour: Heu _ res for_tu né _ es! A _
home.   Day of joy and glad _ ness! A _

396

L. Heu — res for-tu — né — es! A — près des an né — — es,
Day of joy and glad-ness! A — way years of sad — ness.

A. — près des an né-es, je songe au re — tour:
— way, years of sad-ness! I dream of my home.

f

400

pp

L. Heu — res for-tu — né — es! A —
Day of joy and glad — ness! A —

A. Heu — res for-tu — né — es! A —
Day of joy and glad — ness! A —

m.d.

pp m.g.

402

L. — près des an — né — — es,
— way, years of sad — — ness!

A. — près des an — né — es,
— way, years of sad — ness!

404
L.
Dans le dé - ses - poir, j'at - - -
In my deep des - pair I
A.
Trem - - blant et con - fus, je
Glad, yet still a - - fraid, I
406
L.
- tends ton re - - - tour:
knew thou would'st come.
A.
songe au re - - - tour:
dream now of home.
408
cre - - - - - - scen - - - - - do - -
p
L.
Et plein d'al - lé - gres - se, Mon
Sing, my heart for glad - - ness, This
p
A.
Et plein d'al - lé - gres - - se, Ton
Sing, my heart for glad - - ness, This

410 *stringendo*

L. cœur _____ qui te pres _ _ _ _ se
heart _____ on thine beat _ _ _ _ ing,

A. cœur _____ qui me pres _ _ _ _ se
heart _____ on thine beat _ _ _ _ ing,

412 **Très retenu**

L. Ain _ si qu'au _ tre fois te rend son a _
Give me as of old thy love for my

A. Ain _ si qu'au _ tre fois me rend son a _
Give me as of old thy love for my

415 **Allegro animato**

L. _ mour!
love.

A. _ mour!
love.

Au nom de mes re _
Be _ cause of my re _

417
A.
-mords, de mes maux, de mes lar - - - mes,
-morse, and the ills I have suf - - fered,
420
LIA
Par ton seul re-pen-tir, Enfant,
Yea, that thou dost re-pent, my child,
A.
p
Je suis di-gne de ta pi-tié...
I do de-serve thy pi-ty sweet.
p
424
L.
tu me dé - sar - mes, N'es - tu pas as-sez châ-ti-é?..
that is suf - fi - cient. Chas - tisement thou could'st not es-cape.
428
AZAËL
p
Pour te bé - nir, ma vi - e, hé - las! se-ra trop brè - ve:
Life is too short to bless thee, a - las! be-lov-ed mo - ther.
p
p

432

LIA

Bannis tes sou_ve_nirs, ain.
A_way those dark re_grets! For_

A.

Je m'hu_mi_li_e à tes ge_noux.
In deep a_base_ment I kneel to thee.

436

si qu'on chasse un rê_ve.
_get as if thou dream_edst.

Re_prends ta
And en_ter

439

Un peu retenu

pla_ce par_mi nous!
once a_gain thy home.

Serrez _ _ _

443 1⁰ Tempo

L.
Heu - res for - tu - né - es! A - près des an -
Day of joy and glad - ness! A - way years of

A.
Heu - res for - tu - nées! A - près des an -
Day of joy and mirth Gone are grief and

pp *m. g.*

446

L.
- né - es Dans le dé - ses - poir, j'at -
sad - ness In my deep des - pair I

A.
- né - es Trem - blant et con - fus, je
sad - ness Glad, yet still a - fraid I

449 Animez beaucoup

L.
- tends ton re - - tour: En son al - lé -
knew thou would'st come. Sing, my heart for

A.
songe au re - - tour:
dream now of home.

m. g. *m. g.*

pp

452
L.
-gres - se, Mon cœur qui te pres - - - se,
glad - ness, This heart on thine beat - - - ing,
A.
Ton cœur qui me pres - - - se,
This heart on thine beat - - - ing,
cresc. molto
m.g.
455
Très retenu
a Tempo
ff
Ain - si qu'au - tre - fois te rend son a -
Give me as of old thy love for my
Ain - si qu'au - tre - fois me rend son a -
Give me as of old thy love for my
m.d. m.g.
m.d. m.g.
458
Très retenu
Allegro modto
- mour, te rend son a - mour!
love, thy love for my love.
- mour, me rend son a - mour!
love, thy love for my love.
f
p
de très loin
from afar
pp

462 AZAËL

inquiet
uneasily

Du cô_té du vil_la_ge, j'en_tends là-bas,
From the village out yon_der *what do i hear?*

465

A _ vec ces voix, un bruit de pas?.. Je trem _ ble!
A well known voice, *borne on the air!* *I trem _ ble!*

se rapprochant peu à peu
drawing nearer and nearer

467 LIA

C'est ton pè _ re!.. il vient vers ce ri_va _ ge
'Tis thy fa _ ther! *see he com_eth to_wards thee!*

cresc. _ _ _ molto

469

les groupes reviennent
the merry makers-return

En _ tou _ ré des siens...
Fol _ lowed by his folk.

Più mosso

472

aux serviteurs qui s'empressent autour d'Azaël
to the attendants who crowd round Azaël

L.

C'est A_za_ël, le fils de vo_tre mai _ tre; Mou_rant de faim, san_
'Tis A_za_ël, the son of thy dear mas_ter. With hun_ger spent, with

sf *p* *f*

475

à Siméon qui paraît
to Simeon who appears

L.

_glant et nu... A_za_ëll no_tre fils... *vivement*
wounds, in rags. A_za_ëll 'Tis our son! *quickly*

SIMÉON

Mon fils est re_ve_
My son re_turns to

sf

478 **a Tempo**

LIA montrant à Siméon son fils prosterné
showing Simeon his son prostrate before him

L.

Il at_tend son ar _ rêt, cour _ bé dans la pous_
He a_waits thy de _ cree; be _ hold him pros_trate

il demeure silencieux
he remains silent

S.

_nu?.. me.

sf *p* *p*

483
L.
-siè - re... Sa pri-è-re Monte hum-blement vers toi...
ly - ing Hum-bly now he pleads, at thy feet, to thee.
à part
aside
S.
Que dois-je fai - re?..
What shall I an - swer?
487
suppliante
supplicating
Ne gar-de pas un front sé - vè - - re A
Ah do not look so harsh-ly on him, On
p
Sei-gneur, ins-pi-re - moi!
My God! in-spire thou me.
p
sf p
490
qui t'im-plore à deux ge - noux... Pardonne au fils!... songe à la
him who kneels im-plor-ing grace. For-give thy son! think of his
f

Rit.

dolce

L.

mè _ re... Le bonheur re_vient par_mi nous!
mo _ _ ther! *Joy shall then once more dwell with us.*

doux et expressif

p

doux et expressif

p

mf

SIMÉON étendant la main
stretching out his hand

Maestoso

Fai_tes si_len _ ce!... E_coutez tous!..
Be still, my peo_ple! *And list to me!*

f

f

f

Très large et très déclamé

f

S.

Al _ lez par les champs, al_lez sur la pla_ce; Frappez la cym_
Now go to the fields, now go to the vil _ lage And clash the loud

f

509

_ba _ le   et le tambou _ rin!
cym _ bals,   the tambourine beat.

Di _ tes en mon nom   à   ce _ lui qui pas _ _ _
Tell to all you meet that my   son's re _ turn _ _ _

f   *f—*   *più f*

513

AIR
Andante maestoso
mf

_ se:
_ ed!

Plus   de vains sou _ cis,   plus de noir cha _ grin,
Gone   my sleep _ less nights!   Gone my anx _ ious care!

ff   *mf*

516

Que   tout   soit en joi _ e!   Le ciel nous en _ voi _ e   Un bien _ fait   à
Let   us   all be joy _ ful,   Let us all be thank _ ful,   Praise ye   all   the

519

pei _ ne rè _ vé!   Ce _ lui que sans ces _ se pleu _ rait ma vieilles _ se,
Lord,   my peo _ ple!   My heart has been hea _ vy, My tears fell in se _ cret,

p

p

522

Ce_lui que sans ces _ se pleu_rait ma vieil_les _ se, L'enfant pro_di _ gue,
My heart has been hea . . vy, My tears fell in se _ cret, *Be _lov_ed wand' rer,*

525

est re_trou _ vé! Remplis_sez l'ampho _ _ re,
thou hast re _ turned! *Now fill up the gob _ _ let;*

529 Retenu à Azaël
Tu_ez le veau gras!.. Puisque a_vant de mou _ rir je
And kill the fat_ted calf! *E're mine eyes close in death,* *Once*

533 Serrez _ _ _ _
te re_vois en _ co _ re, Viens, mon fils, dans mes bras!..
more they gaze up _ on thee. *Come, my son, tō my arms.*

Ils se tiennent enlacés; les serviteurs frappent les instruments de musique.
They embrace; attendants play on musical instruments.

TRIO

539 **Allegro giocoso**

542 AZAËL à son père
to his father **1º Tempo**

Mon cœur re _ naît à l'es _ pé _
My heart a _ wakes with hope il _

545

_ran_ce, Au de _ voir, à la foi.. comme aux jours d'inno _ cen _ _ _ ce...
lu_mined, Guilt_less now as of old, all my sins are for_giv_ _ _ en...

549 **Plus lent**

Pè _ re, soy_ez bé _ ni!..
Fa _ ther, oh, blest be thou!

SIMÉON à Azaël
to Azaël

C'est le Ciel, mon en _ fant, qui t'absout par ma bou _ che...
Ab_so_lu_tion, my son, by my mouth Hea_ven sends thee.

pp très soutenu

553

S. Et puisque son pardon te tou_che, Cé_lébrons tous son a_mour in_fi_ni. En_
Praise then the Lord, the Lord Al might_y! Let us all praise his Love and his Might!   *Je_*

557

S. _fin Je_ho_va nous ras_sem_ble: A genoux, Chantons en_sem_ble,
_ho_vah, the might_y De_liv'_rer! Kneel to Him, Sing all ye peo_ple,

561

LIA

Chan_tons l'E_ter_nel!
Praise we all our God!

AZAËL

ils s'agenouillent
they kneel

Chan_tons l'E_ter_nel!
Praise we all our God!

S. Chan_tons l'E_ter_nel!
Praise we all our God!

561

565
Un poco più mosso
L.
A.
S.
Chantons le Dieu d'Is_ra_ _ _ ël!
Praise Is_rael's glo_ri_ous God!
Chantons le Dieu d'Is_ra_ël!
Praise Is_rael's glo_ri_ous God!
mf
p
pp
570
LIA avec les Sopranos
AZAËL avec les Ténors
SIMÉON avec les Basses
Soli avec Chœur ad libitum
Gloire à toi, Sei_ _gneur!..
Praise the Lord, our God!
cresc.

575
L.
A.
S.
La na - tu - re Te doit sa ri - an - te pa - ru - re:
God Al - might - y! to Thee we owe these fields of plen - ty:
580
Les grands monts, la
Might - y moun - tains,
Les grands monts, la
Might - y mounts, all
f
ff

585

L.

fraî _ che ver _ du _ re Dont leur som _ met est re _ vê _ tu;
crown _ ed with ver _ dure: Ri _ vers to wa _ ter fields and herds.

A.

fraî _ che ver _ du _ re Dont leur som _ met est re _ vê _ tu;
crown _ ed with ver _ dure: Ri _ vers to wa _ ter fields and herds.

S.

fraî _ che ver _ du _ re Dont leur som _ met est re _ vê _ tu;
crown _ ed with ver _ dure: Ri _ vers to wa _ ter fields and herds.

585

f

591

ff *ben marcato*

596

p

LIA
599
p et très lié
Les plai - nes, leur moisson do - ré - - - e;
And wood - lands, with their mos - sy car - - - pets;
AZAËL
Les plai - - nes, les fo - rêts,
And wood - - lands, fo - rests deep,
SIMÉON
Les plai - - - nes, les
And wood - - lands, and
599
pp
602
L.
A.
S.
mf
Les fleurs, leur couleur di - a -
And flow'rs, in their ra - diance and
la sour - ce na - cré - - e;
lakes and gen - tle brook - - lets,
plai - - - - nes, Les fleurs, leur cou - leur di - a -
wood - - - - lands, And flow'rs, in their ra - diance and
602
p
pp

605
L.
-pré - e;
beau - ty.
A.
Les fleurs, leur couleur di - a - pré - - - e;
And flow'rs, in their ra - diance and beau - - - ty.
S.
-pré - e;
beau - ty.
605
p
608
L.
p
Et le cœur te doit la ver - tu!
And a heart to glo - ri - fy Thee!
A.
p
Et le cœur te doit la ver - tu!
And a heart to glo - ri - fy Thee!
S.
p
Et le cœur te doit la ver - tu!
And a heart to glo - ri - fy Thee!
608
pp
pp

612 Chœur ad libitum

L. Gloire à toi, _____ Sei _ gneur!
Praise the Lord, _____ our God!

A. Gloire à toi, _____ Sei _ gneur!
Praise the Lord, _____ our God!

S. Gloire à toi, _____ Sei _ gneur!
Praise the Lord, _____ our God!

616

L. Gloire à toi, _____ Sei _ gneur!
Praise the Lord, _____ our God!

A. Gloire à toi, _____ Sei _ gneur!
Praise the Lord, _____ our God!

S. Gloire à toi, _____ Sei _ gneur! Gloire à
Praise the Lord, _____ our God! Praise the

620
L.
Gloire à toi! La na - - -
Praise the Lord! God Al - - -
A.
Gloire à toi, Sei - - - gneur! La na - - -
Praise the Lord our God! God Al - - -
S.
toi, Gloire à toi! La na - - -
Lord, Praise the Lord! God Al - - -
ff
- - scen - - - - - do - - - - - - - -
624
L.
- tu - re te doit sa ri - an - te pa - ru - re, Gloire à
might - y! to Thee we owe these fields of plen - ty. Praise the
A.
- tu - re te doit sa ri - an - te pa - ru - re, Gloire à
might - y! to Thee we owe these fields of plen - ty. Praise the
S.
- tu - re te doit sa ri - an - te pa - ru - re, Gloire à
might - y! to Thee we owe these fields of plen - ty. Praise the
f

628
L.
A.
S.
pp
toi, Sei- gneur, Sei- gneur! Ta main a-do-ré-e pro-
Lord, our God! oh God! Thy hand is stretched out to pro-
piu f
ff
pp
633
f
-tège Is-ra-ël. Gloire à toi, Sei-
tect us, oh God! Praise the Lord, our

638
L.
-gneur! Sei - gneur!
God! our God!
A.
-gneur! Gloire à toi, Sei -
God! Praise the Lord, our
S.
-gneur! Gloire à toi, Sei - gneur!
God! Praise the Lord, our God!
più f
ff
642
Très retenu et très martelé
Chan - tons l'E - ter - nel!
Praise we Is rael's God!
-gneur! A toi, Sei - gneur!
God! Praise God! the Lord!
Chan - tons l'E - ter - nel!
Praise we Is rael's God!
Très retenu et très martelé
8ª bassa
FIN

www.ingramcontent.com/pod-product-compliance
Lightning Source LLC
Chambersburg PA
CBHW081152040426
42445CB00015B/1855